# BEI GRIN MACHT SICH WISSEN BEZAHLT

- Wir veröffentlichen Ihre Hausarbeit, Bachelor- und Masterarbeit

- Ihr eigenes eBook und Buch - weltweit in allen wichtigen Shops

- Verdienen Sie an jedem Verkauf

Jetzt bei www.GRIN.com hochladen und kostenlos publizieren

# Qualitative und quantitative Forschungsmethoden. Fragebogentechnik und der Chi-Quadrat-Test

**Bibliografische Information der Deutschen Nationalbibliothek:**

Die Deutsche Nationalbibliothek verzeichnet diese Publikation in der Deutschen Nationalbibliografie; detaillierte bibliografische Daten sind im Internet über http://dnb.d-nb.de abrufbar.

ISBN: 9783346903211
Dieses Buch ist auch als E-Book erhältlich.

© GRIN Publishing GmbH
Trappentreustraße 1
80339 München

Druck und Bindung: Books on Demand GmbH, Norderstedt Germany
Gedruckt auf säurefreiem Papier aus verantwortungsvollen Quellen

Das vorliegende Werk wurde sorgfältig erarbeitet. Dennoch übernehmen Autoren und Verlag für die Richtigkeit von Angaben, Hinweisen, Links und Ratschlägen sowie eventuelle Druckfehler keine Haftung.

Das Buch bei GRIN: https://www.grin.com/document/1369970

# Einsendeaufgabe Alternative C

abgegeben am 31.05.2023

SRH-Fernhochschule

Modul: „Qualitative und quantitative Forschungsmethoden /
Wissenschaftliches Arbeiten – Vertiefung II"

Studiengang: Betriebswirtschaftslehre und Digitalisierung

Inhaltsverzeichnis

**Abkürzungsverzeichnis**

| | |
|---|---|
| bspw | beispielsweise |
| C | Consideration |
| *df* | Freiheitsgrad Kreuztabelle |
| *fe* | erwartete Häufigkeit |
| ggfs. | gegebenenfalls |
| H0 | Nullhypothese |
| H1 | Alternativhypothese |
| I-S | Initiation of structure |
| o. g. | oben genannt |
| p-Wert | p für lateinisch probabilitas (Wahrscheinlichkeit) |
| R | Statistiksoftware |

4

# Abbildungsverzeichnis

5

# Tabellenverzeichnis

# 1 C1 Operationalisierung Führungsverhalten

## 1.1 Theoretische Grundlagen Führungsverhalten

Wie in vielen Bereichen einer Unternehmung unterliegt auch das Personalmanagement den Auswirkungen, der Veränderungstreibern wie Demografischer Wandel, Digitalisierung, Globalisierung und dem gesellschaftlichen Wertewandel. Durch den disruptiven Wandel und dem damit einhergehenden digitalen Fortschritt entstehen neue Arbeits- und Organisationsformen und Führungssysteme, die sich auf die komplette Belegschaft eines Unternehmens auswirken.[1] Das Führungsverhalten ist verantwortlich für die Beeinflussung der Einstellungen und Verhaltensweisen von Mitarbeiter: innen und damit zentraler Bestandteil des Personalmanagements.[2] Darüber hinaus wirkt sich die Personalführung direkt am Unternehmenserfolg aus.[3] Die Führung von Mitarbeiter: innen findet auf Mikroebene, das heißt auf der Ebene einzelner Mitarbeiter: innen und Teams, statt. Die Führung von Mitarbeiter: innen lässt sich in drei klassische Perspektiven unterteilen:

1. Eigenschaftsorientierte Perspektive
2. Verhaltensorientierte Perspektive
3. Situative Perspektive der Mitarbeiterführung[4]

Bei der **eigenschaftsorientieren Perspektive** werden Persönlichkeitsmerkmale einer Führungsperson als zentrale Einflussgröße im Hinblick auf den Führungserfolg identifiziert. Dagegen konzentriert sich die **verhaltensorientierte Perspektive** auf das Verhalten der Führungskraft gegenüber seiner Mitarbeiter: innen. Die **situative Perspektive** basiert auf der Annahme, dass der Erfolg einer Führungskraft überwiegend von situativen Einflüssen abhängt. Die Betrachtungsperspektive des situativen Ansatzes geht über die Betrachtung der Persönlichkeitsmerkmale sowie Verhaltensweisen einer Führungskraft hinaus. In der Forschung ist davon auszugehen, dass der Erfolg bestimmter Eigenschaften und Verhaltensweisen bei der situativen Perspektive in Abhängigkeit von der jeweiligen Situation variiert. In der heutigen Zeit herrschen neben den klassischen Per-

---

[1] Vgl. *Stock-Homburg/Groß*, S. 4.
[2] Vgl. *Stock-Homburg/Groß*, S. 22.
[3] Vgl. *Achouri (2021)*, S. 268.
[4] Vgl. *Stock-Homburg/Groß*, S. 515.

spektiven der Mitarbeiterführung auch modernere Ansätze. Hierzu gehören u. a. die implizite Führungstheorie, die Leader-Member Exchange Theory und die Ambidextrous Leadership Theory.[5]

Die folgende Abbildung soll einen Überblick über die klassischen Ansätze und modernen Ansätze der Führungsforschung geben:

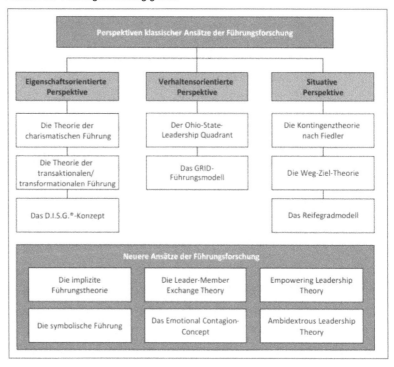

Abbildung 1: Perspektiven und ausgewählte theoretisch-konzeptionelle Ansätze der Mitarbeiterführung

(Quelle: Stock-Homburg/Groß (2019), S. 516)

Im Rahmen dieser Einsendeaufgabe und der Aufgabenstellung liegt der Schwerpunkt auf der verhaltensorientierten Perspektive, da der Fokus auf dem Führungsverhalten liegt. Nach Schirmer und Woydt liegt der Fokus verhaltensorientierter Führungsansätze im bewussten und reflektierten Vorgehen der Führungskräfte im Sinne der Art und Weise des Umgangs mit Mitarbeiter: innen.[6] Davon ausgehend scheinen Führungsfähigkeiten

---

[5] Vgl. *Stock-Homburg/Groß*, S. 515.
[6] Vgl. *Schirmer/Woydt* (2016), S. 163.

erlernbar zu sein.[7] Staehle unterstellt dem Ansatz, dass das Vorgehen im Rahmen des Lernprozesses abhängig von den persönlichen Eigenschaften der Führungskraft ist.[8] Ziel der Führungsansätze ist es, eine stabile und situationsunabhängige Leistung der Mitarbeiter: innen im Hinblick auf die Arbeitszufriedenheit, Effektivität und Produktivität herzustellen.[9] In der Literatur werden drei unabhängige Dimensionen des Führungsverhaltens beschrieben, die sich in Aufgaben-. Mitarbeiter- und Partizipationsorientierung einteilen lassen:

**Aufgabenorientierung:**

Hier liegt der Fokus der Führungskraft bei den Aufgaben und der Zielerreichung. Die persönlichen Bedürfnisse der Mitarbeiter: innen spielt keine Rolle. Diese Dimension verbindet Aufgabeninitiierung, Leistungsorientierung und Aufgabenstrukturierung miteinander.

**Mitarbeiterorientierung:**

Im Gegensatz zur Aufgabenorientierung geht es bei der Mitarbeiterorientierung um Wertschätzung und die Beachtung der persönlichen Bedürfnisse der Mitarbeiter: innen.

**Partizipationsorientierung:**

In dieser Dimension werden die Mitarbeiter: innen von ihrer Führungskraft in Entscheidungsprozesse miteinbezogen, die ihren Arbeitsplatz und ihr Aufgabengebot sowie die Rahmenbedingungen betreffen. Die Mitarbeiter: innen werden als Beteiligte betrachtet.

In folgender Abbildung werden die beschriebenen Dimensionen des Verhaltens von Führungskräften veranschaulicht:[10]

---

[7] Vgl. *Niggemeier* (2020), S. 79.
[8] Vgl. *Staehle* (1999), S. 334.
[9] Vgl. *Niggemeier* (2020), S. 80.
[10] Vgl. *Franken* (2019), S. 314.

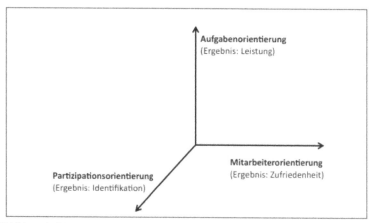

Abbildung 2: Dimensionen des Verhaltens von Führungskräften
(Quelle: Franken (2019), S. 314)

In vielen Führungsansätzen wird der Grad der Partizipation der Mitarbeiter: innen an den Entscheidungen thematisiert. Das Modell nach Tannenbaum und Schmidt ist eines der bekanntesten Modelle, welches sieben Führungsstile definiert und zur eindimensionalen Perspektive angehört. Nachfolgend werden die Führungsstile genannt und beschrieben:

1. **Autoritärer Führungsstil**
   Bei diesem Führungsstil trifft die Führungskraft alleinig die Entscheidung. Von den Mitarbeiter: innen wird ein hohes Maß an Disziplin und Gehorsamkeit abverlangt. Dabei spielen die Meinungen und Initiative der Mitarbeitenden keine Rolle.[11] Die Führungskraft muss die Anforderungen bei diesem Führungsstil so konkret wie möglich kommunizieren, damit die Mitarbeiter: innen den Anforderungen Folge leisten können.[12]

2. **Patriarchalischer Führungsstil**
   Der patriarchalische Führungsstil ähnelt dem bereits vorangegangenen autoritären Führungsstil. Auch hier wird die Willensbildung von der Führungskraft übernommen, da dieser seine Mitarbeiter: innen als unfähig betrachtet. Die gesamte Verantwortung übernimmt die Führungskraft und sorgt damit, dass eine Abhängigkeitsbeziehung zwischen Führungskraft und Mitarbeiter: innen entsteht.

---

[11] Vgl. *Franken* (2019), S. 315.
[12] Vgl. *Niggemeier* (2020), S. 81.

### 3. Informierender Führungsstil

Der informierende Führungsstil verfolgt das Ziel, dass die Führungskraft ihre Mitarbeiter: innen über all ihre Entscheidungen informiert und damit ein hohes Maß an Akzeptanz gewinnt.

### 4. Beratender Führungsstil

Beim beratenden Führungsstil werden die Mitarbeiter: innen noch mehr zur Mitentscheidung einbezogen, da sie von ihrer Führungskraft informiert und zur Rückmeldung ihrer Meinung aufgefordert werden, bevor die Führungskraft ihre endgültige Entscheidung gefällt hat.

### 5. Kooperativer Führungsstil

Bei diesem Führungsstil werden die Mitarbeiter: innen ebenfalls an den Entscheidungsprozessen der Führungskraft eingebunden. Dabei verlangt die Führungskraft die Unterstützung seiner Mitarbeiter: innen. Dadurch können die Mitarbeiter: innen sich besser mit den Zielen identifizieren und Eigeninitiative übernehmen.

### 6. Delegativer Führungsstil

Die Führungskraft informiert beim delegativen Führungsstil seine Mitarbeiter: innen über die Ziele und Probleme und zeigt Spielräume auf. Hierdurch sind die Mitarbeiter: innen für die Entscheidungen verantwortlich.

### 7. Teilautonome Führungsstil

Auch beim teilautonomen Führungsstil liegt die Entscheidung bei den Mitarbeiter: innen, somit ist das Einmischen der Führungskraft nicht notwendig. [13]

Die nachfolgende Abbildung zeigt die bereits beschriebenen sieben Führungsstile nach Tannenbaum und Schmidt:

---

[13] Vgl. *Franken* (2019), S. 315-316.

11

| Willensbildung beim Vorgesetzten | | | | | | Willensbildung beim Mitarbeiter |
|---|---|---|---|---|---|---|
| 1 | 2 | 3 | 4 | 5 | 6 | 7 |
| Vorgesetzter entscheidet ohne Konsultation der Mitarbeiter | Vorgesetzter entscheidet, versucht aber die Mitarbeiter zu überzeugen, bevor er die Weisung erteilt | Vorgesetzter entscheidet, fördert jedoch Fragen zu seinen Entscheidungen, um Akzeptanz zu erreichen | Vorgesetzter informiert Mitarbeiter über beabsichtigte Entscheidung, Mitarbeiter können sich vor der endgültigen Entscheidung äußern | Mitarbeiter/ Gruppe entwickelt Vorschläge, Vorgesetzter entscheidet sich für die von ihm favorisierte Alternative | Mitarbeiter/ Gruppe entscheidet, nachdem der Vorgesetzte Ziele und Probleme aufgezeigt und Spielraum festgelegt hat | Mitarbeiter/ Gruppe entscheidet, Vorgesetzter fungiert als Koordinator nach innen und nach außen |
| autoritär | patriarcha-lisch | informierend | beratend | kooperativ | delegativ | teilautonom |

Abbildung 3: Führungsstile je nach Grad der Partizipation nach Tannenbaum und Schmidt

(Quelle: Franken (2019), S. 315)

Neben den eindimensionalen Führungsansätzen herrschen in der Literatur auch zweidimensionale Führungsansätze, wie bspw. der Ohio-Leadership-Quadrant und der Grid-Ansatz. Aufgrund der einzuhaltenden Formalia liegt der Schwerpunkt in dieser Einsendeaufgabe auf dem Ohio-Leadership-Quadrant. Der Ohio-Leadership-Quadrant wurde ursprünglich von einem Forscherteam der Ohio State University zur Beschreibung von Führungsverhalten im Jahr 1945 entwickelt. Als Ergebnis konnten die Forscher Hemphill, Fleishman, Stogdill und Shartle zwei voneinander unabhängige Faktoren bestimmen. Zum ersten Führungsfaktor gehört der Initiation of structure (I-S), der den I-S-Führungsstil darstellen soll und der zweite Führungsfaktor Consideration (C) kennzeichnet den C-Führungsstil.[14] Damit die zwei Führungsdimensionen gemessen werden konnten, wurde ein Modell entwickelt, das sogenannte Leader Behavior Description Questionnaire (LBDQ). Ausgehend der Annahme, dass über das Interesse am Menschen auch die Begeisterung an der Arbeit entsteht und somit im Ergebnis eine hohe Leistung erzielt werden kann, bezieht sich der erste Faktor (C) auf die mitarbeiterorientierte Führung.[15] Diese Annahme spiegelt sich darin wider, dass Führungskräfte mit ihren Mitarbeiter: innen sozial interagieren und kommunizieren, sowie Sorgen wahrnehmen und sich für die

---

[14] Vgl. *Maier* (2015), S. 59.
[15] Vgl. *Schirmer/Woydt* (2016), S. 168.

berufliche Weiterentwicklung interessieren und diese auch fördern. Dabei spielen Respekt, Freundlichkeit, Vertrauen und Wertschätzung eine zentrale Rolle. Dagegen fokussiert die aufgabenorientierte Führung (I-S) auf technische Abläufe und das Erzielen der quantitativen Arbeitsleistung. Im Vordergrund steht die Aufgabendefinition, Kooperation sowie die Planung der Zielerreichung. Der nachfolgende Ohio-State-Leadership-Quadrant zeigt auf, dass die Aufgaben- bzw. Mitarbeiterorientierung nicht automatisch sich gegenseitig ausschließende Pole einer Dimension darstellen, hingegen voneinander unabhängig Wirkung zeigen und damit miteinander kombiniert werden können.[16]

| | | niedrig | hoch |
|---|---|---|---|
| *initiating structure* (Aufgabenorientierung) | hoch | niedrige Beziehungs-orientierung und hohe Aufgaben-orientierung | hohe Beziehungs-orientierung und hohe Aufgaben-orientierung |
| | niedrig | niedrige Beziehungs-orientierung und niedrige Aufgaben-orientierung | hohe Beziehungs-orientierung und niedrige Aufgaben-orientierung |
| | | niedrig | hoch |

**consideration** (Mitarbeiterorientierung)

Abbildung 4: Ohio-State-Leadership-Quadrant

(Quelle: Niggemeier (2020), S. 83)

## 1.2 Erhebungskontext

In einem Bereich mit 150 Führungskräften eines großen Konzerns, welches sich im Bildungs- und Gesundheitswesen bewegt, soll das Führungsverhalten von Führungskräften gemessen werden. Zu untersuchen ist die Fragestellung, inwiefern sich ein mitarbeiterorientiertes sowie aufgabeorientiertes Führungsverhalten auf die Arbeitszufriedenheit der Mitarbeiter: innen auswirkt. In der Literatur und laut einer Untersuchung der Oxford

---

[16] Vgl. *Schirmer/Woydt* (2016), S. 168.

Universität ist bekannt, dass glückliche und zufriedene Mitarbeiter: innen nicht nur engagierter, sondern auch kreativer und gesünder sind. Des Weiteren können sie sich eher mit der Organisation identifizieren und wechseln seltener den Arbeitsplatz.[17] Einzelbüros sowie ein paar Doppelbüros bilden das Arbeitsumfeld ab. Alle Räumlichkeiten sind hell und haben ein Fenster. Zusätzlich sind die Räumlichkeiten klimatisiert. Als Arbeitszeitmodell gilt Gleitzeit. Die Mitarbeiter: innen sollen spätestens um 09:00 Uhr anwesend sein und frühstens um 15:30 Uhr Feierabend machen. Bei der Unternehmung handelt es sich um eine GmbH, die tariflich an den öffentlichen Dienst angelehnt ist. Mithilfe einer Mitarbeitendenbefragung soll untersucht werden, wie sich das Führungsverhalten auf die Arbeitsleistung der Mitarbeiter: innen auswirkt. Durchgeführt wird die Befragung anhand einer computergestützten Befragung. Jeder Mitarbeiter: in hat Zugang zu einem Computer, um an der Befragung teilzunehmen. Die Indikatoren im Zuge des Strukturbaums sind in mitarbeiterorientiertes Führungsverhalten und aufgabenorientiertes Führungsverhalten unterteilt. Dabei spiegeln die Indikatoren Anhaltspunkte wider, an welchen Stellen Verbesserungspotenzial besteht. Dabei soll auch die Arbeitsbeziehung zwischen den Mitarbeiter: innen und den Führungskräften sowie die Arbeitsbedingungen erfragt werden, um festzustellen, ob sich die Arbeitszufriedenheit ausschließlich auf das Führungsverhalten zurückzuführen ist, oder weitere Faktoren eine entscheidende Rolle spielen.

---

[17] Vgl. *Unger/Sann/Martin* (2022), S. 106.

## 1.3 Dimensionale Analyse Strukturbaum

| Mitarbeiterorientiertes Führungsverhalten | |
| --- | --- |
| **Dimension** | **Indikatoren** |
| Arbeitsbeziehung | Beziehung zu Mitarbeiter: innen |
| | Teamzusammenhalt |
| | Beziehung zur Führungskraft |
| Kommunikation | Wertschätzung |
| | Bedürfnisorientierung |
| | Kommunikationsregeln |
| Unternehmenskultur | Werte |
| | Leitbild |
| | Fehlerkultur |
| Entwicklungsmöglichkeiten | Karrierechancen |
| | Weiterbildungsmöglichkeiten |
| | Fortbildungen/Qualifizierung |
| Arbeitsbedingungen | Arbeitsplatz |
| | Arbeitszeiten |
| | Work-Life-Balance |
| **Aufgabenorientiertes Führungsverhalten** | |
| **Dimension** | **Indikatoren** |
| Aufgabengebiet | Aufgabeninhalt |
| | Arbeitsteilung |
| | Zieldefinition |
| Arbeitsleistung | Aufgabendefinition |
| | Zielerreichung |
| | Kooperation |

Tabelle 1: Strukturbaum Führungsverhalten (eigene Darstellung)

Die Grundidee der dimensionalen Analyse ist es, den komplexen Sachverhalt der Arbeitszufriedenheit in Bezug auf das Führungsverhalten zu erörtern. Darüber hinaus sollten die Antworten der Befragten vergleichbar sein, um entsprechend ausgewertet zu werden. Mithilfe der Dimensionen und bei Bedarf mithilfe der Kategorien, wird der gesuchte Begriff „Führungsverhalten" näher beschrieben, die zu beobachtenden Indikatoren führen. Dabei wurde bei der Auswahl der Indikatoren darauf geachtet, dass die befragten Personen dazu in der Lage sind, über die beschriebenen Sachverhalte Auskunft zu geben. Die durch die Antworten gewonnenen Erkenntnisse helfen dabei, herauszufinden, inwiefern sich das Führungsverhalten auf die Arbeitszufriedenheit auswirkt.[18] Ziel der Operationalisierung ist laut Häder, die entsprechenden Voraussetzungen für die empirische Erhebung komplexer und / oder latenter Sachverhalte zu schaffen sowie diese messbar zu machen.[19] Die Grundlage für die Entwicklung der Indikatoren und Kategorien schafft die in Kapitel 1.1 beschriebene Theorie der Ohio-Leadership-Quadrant. Das mitarbeiterorientierte Führungsverhalten zielt auf die Beziehung, Bedürfnisse, Sorgen sowie Entwicklungsmöglichkeiten der Mitarbeiter: innen ab. Daher wurden aus der Literatur die Indikatoren Arbeitsbeziehung, Kommunikation, Unternehmenskultur, Entwicklungsmöglichkeiten und Arbeitsbedingungen herausgearbeitet. Das aufgabenorientierte Führungsverhalten hingegen fokussiert sich stark auf die Arbeitsleistung, Zielerreichung und Kooperation, weshalb die beiden Indikatoren Aufgabengebiet und Arbeitsleistung herausgearbeitet wurden. Folgende Fragestellung könnte in Hinblick auf das mitarbeiterorientiere Führungsverhalten gestellt werden, „Wie arbeitet ihr Vorgesetzter mit ihnen zusammen?". Hingegen könnte die Fragestellung beim aufgabenorientierten Führungsverhalten wie folgt lauten, „Erkennt ihr Vorgesetzter gute Leistungen?".

Grundlage der hier geplanten Online-Befragung sind die Bestandteile eines Fragebogens. Dabei soll der Titel der Befragung und eine Titelseite gestaltet werden.[20] Im Anschluss wird das Ziel der Befragung beschrieben und der Aufbau sowie der Umfang und eine Einschätzung der Dauer erläutert. Eingangs sollen im Fragebogen die demographischen Daten wie Geschlecht, Alter oder Position in der Abteilung abgefragt werden.[21] Im Hinblick auf eventuelle Wechselwirkungen, könnten diese Daten interessant sein.[22] Die Angaben der demographischen Daten kann nach dem inhaltlichen Hauptteil platziert werden.[23] Damit Fragen, gerade im Hinblick auf das Führungsverhalten, besser und einfacher von den Befragten beantwortet werden können, werden sogenannte „Eisbrecher-Fragen" verwendet, die an das Thema heranführen und das Interesse wecken sollen.[24] Um einen lockeren Einstieg der Befragten zu gewährleisten, sind zu Beginn Fragen zu stellen, wie bspw. Fragen zum Aufgabengebiet oder Arbeitsbedingungen. Fragen, bei

---

[18] Vgl. *Häder* (2019), S. 50-52.
[19] Vgl. *Häder* (2019), S. 48.
[20] Vgl. *Porst* (2014), S. 33.
[21] Vgl. *Konrad* (2015), S. 104-105.
[22] Vgl. *Stock-Homburg/Groß* (2019), S. 100.
[23] Vgl. *Döring* et al. (2021), S. 406.
[24] Vgl. *Porst* (2014), S. 140.

denen sich die Befragten schwertun, wie bspw. zum Führungsstil oder Arbeitsbeziehung zur Führungskraft, sollten zum Ende gestellt werden. Der Fragebogen sollte zum Ende noch einen Schlusssatz beinhalten, der bspw. „Vielen Dank für Ihre Zeit und die Teilnahme an der Online-Umfrage", lauten könnte. [25] Nach Döring und Bortz besteht ein standardisierter Fragebogen ausfolgenden Punkten:

1. Fragebogentitel
2. Fragebogeninstruktion
3. Inhaltliche Fragenblöcke
4. Statistische Angaben
5. Fragebogen-Feedback
6. Danksagung und Verabschiedung[26]

Die Dauer eines Fragebogens ist abhängig vom Thema und sollte laut Marktforschung und Theobald zwischen 10 bis 50 Fragen beinhalten.[27] Die Anzahl der Fragen ist weniger relevant als die Gesamtdauer des Fragenbogens. Daher sollte der Fragebogen idealerweise in unter 15 bis 20 Minuten zu beantworten sein.[28] Zur qualitativen Erfassung des Führungsverhaltens wird eine kontinuierliche Durchführung der Befragung empfohlen. Dabei wäre es denkbar, dass die Befragung monatlich oder jährlich durchgeführt wird. Die Wirksamkeit abgeleiteter Maßnahmen kann dadurch regelmäßig überprüft werden.[29]

---

[25] Vgl. *Döring et al.* (2021), S. 406.
[26] Vgl. *Döring/Bortz* (2016), S. 251.
[27] Vgl. *Theobald* (2017), S. 104.
[28] Vgl. *Schlütz/Möhring* (2019), S. 147.
[29] Vgl. *Becker* (2019), S. 207.

## 2 C2 Fragebogen

## 2.1 Fragearten

Im Rahmen der Erstellung eines Fragebogens werden in der Literatur offene, geschlossene uns halboffene Fragen unterschieden.[30]

Offene Fragen beginnen mit den bekannten „W-Fragewörtern", mit „was", „wie", „wer" und sollen die Befragten dazu bewegen, von sich aus etwas ausführlicher zu berichten. Aufgrund dessen, dass die Befragten auf offene Fragen umfassend antworten können besteht eine gute Chance, neue und unerwartete Erkenntnisse, zu erhalten.[31] Des Weiteren sind bei offenen Fragen keinerlei Antwortkategorien vorgegeben, jedoch ergibt sich dadurch ein höher Auswertungsaufwand.[32] Geeignet ist die offene Frageart für Vortests.[33]

Beispiel offene Frage:

Wie würden Sie die Beziehung zu Ihrer Führungskraft beschreiben?

..............................................................................................................................

Geschlossene Fragen hingegen geben eine begrenzte Anzahl an möglichen Antwortkategorien vor und definieren ebenso die Anzahl möglicher Ankreuzungen.[34] Sie beginnen üblicherweise mit einem Verb. Bekannte Frageanfänge sind „Haben Sie…" oder „Kennen Sie…".[35] Die einfachste Form gibt standardmäßig zwei Antwortkategorien „Ja/Nein" vor, die zu den Einfachnennungen gehören. Sind mehrere Antworten möglich, spricht man von Mehrfachnennungen. Aus Statistischen Gesichtspunkten sind geschlossene Fragen einfach auszuwerten, jedoch besteht das Risiko darin, dass die ausschlagebenen Informationen unter Umständen fehlen, oder durch die befragte Person nicht benannt werden kann. Befragte Personen tendieren dazu, die zu Beginn präsentierte Kategorie zu wählen.[36]

---

[30] Vgl. *Hollenberg* (2016), S. 12.
[31] Vgl. *Patrzek* (2021). S. 16.
[32] Vgl. *Grundwald/Hempelmann* (2012), S. 63.
[33] Vgl. *Konrad* (2015), S. 14.
[34] Vgl. *Hollenberg* (2016), S. 12.
[35] Vgl. *Patrzek* (2021), S. 15-16.
[36] Vgl. *Hollenberg* (2016), S. 12.

Beispiel geschlossene Frage (Einfachnennung): Erhalten Sie für Ihre erbrachte Arbeitsleistung Anerkennung?

□ Sehr stark

□ Stark

□ Mittel

□ Weniger

□ Überhaupt nicht

Beispiel geschlossene Frage (Mehrfachnennung):

Welche Arbeitsmittel werden Ihnen zum Arbeiten zur Verfügung gestellt? (Mehrfachnennung möglich)

□ Laptop

□ Smartphone

□ Tablet

□ Desktop PC

□ Sonstiges

...........................................................................................................................

Halb-offene Fragen bilden eine Kombination aus geschlossenen und offenen Fragen,
die bereits oben beschrieben wurden. Bei diesem Fragetyp wird eine zusätzliche Antwortkategorie wie bspw. „Sonstiges", bitte nennen, der Antwortmöglichkeit hinzugefügt.
Dadurch hat die Befragte Person die Möglichkeit, eine Reihe von Antwortmöglichkeiten
auszuwählen und wenn die bevorzugte Antwort nicht vorhanden ist, kann diese ergänzt
werden.[37]

Beispiel halb-offene Fragen:

Welche der folgenden Entwicklungsmöglichkeiten werden Ihnen vom Arbeitgeber angeboten? (Mehrfachnennung möglich).

□ Weiterbildungsprogramm

□ Fortbildungsprogramm

□ Schulungen

□ Kurse

---

[37] Vgl. *Porst* (2014), S. 57.

☐ Sonstige, bitte nennen: ...............................................................................

## 2.2 Verbalisierung von Fragen und Antworten

Porst hat zur Verbalisierung von Fragen 10 Gebote aufgestellt, die als grobe Faustregeln, aufgrund der unterschiedlichen Wahrnehmung von Person zu Person, verwendet werden soll.[38] Anders als Prost gehen Schlütz und Möhring zur Verbalisierung von Fragen dem kognitiven Prozess nach, der den Antworten vorausgeht, siehe nachfolgende Abbildung:[39]

Abbildung 5: Kognitiver Antwortprozess

(Quelle: Schlütz/Möhring (2019), S. 70)

Beide Ansätze führen zu ähnlichen Regeln, welche nachfolgend kombiniert dargestellt werden. Die Basis bildet der kognitive Antwortprozess, welcher in Abbildung 5 zur Veranschaulichung dargestellt ist. Im Rahmen dieser Einsendeaufgabe werden zwei dieser Faustregeln kurz beschrieben. Dabei wird jeweils eine „gute" und eine „schlechte" Beispielfrage aus dem für Teilaufgabe 1 gewählten Kontext formuliert.

Die Fragen müssen von der befragten Person verstanden werden. In diesem Zusammenhang sollen die Fragen einfache, eindeutige Begriffe beinhalten, welche von allen in derselben Weise verstanden werden. Die Verwendung von Fachbegriffen soll vermieden, oder alternativ erläutert werden. Darüber hinaus soll von langen Fragen abgesehen werden. Dieselbe Regelung gilt auch für die Formulierung der Antwortvorgaben (1., 2. und 10. Gebot nach Prost)

Wesentlicher Bestandteil des nächsten Schrittes ist es, dass Dinge erfragt werden, an die sich die befragte Person erinnert oder weiß, um welche Dinge es sich handelt. Dadurch soll vorgebeugt werden, dass sich die Person an die Ereignisse erinnern kann. (6. Gebot nach Prost)

---

[38] Vgl. *Porst* (2014), S. 99.
[39] Vgl. *Schlütz/Möhring* (2019), S. 70-71.

Die Befragung von Verhalten basiert auf Häufigkeiten. Die durchschnittliche Häufigkeit kann bspw. nach letzten Monaten oder nach Wochen, meist dem Vortrag, eruiert werden.

Hierbei müssen die Antwortvorgaben an den vorgegebenen Rahmen zugeschnitten werden. Dabei soll sich nicht nur über die Fragen Gedanken gemacht werden, auch sollte sich über die Art und den Inhalt der Antwortvorgaben genauso viele Gedanken gemacht werden.

Des Weiteren sollen hypothetische Fragen „Gebot 3" und doppelte Verneinungen sowie Stimuli „Gebot 4" nach Porst vermieden werden. Darüber hinaus sollen die Fragen keine Umstellungen und suggestiv Fragen enthalten „Gebot 5". Der eindeutige zeitliche Bezug „Gebot 7" ist genauso wichtig wie die Antwortkategorien, welche sich nicht überschneiden „Gebot 8". Das „Gebot 9" gibt vor, dass die Fragen so formuliert werden sollen, dass sich der Zusammenhang der Frage nicht auf die Beantwortung auswirkt.[40]

Nach Schlütz und Möhring ist das Hauptziel einer guten Fragenformulierung, dass gültige (valide) und verlässliche (reliable) Fragen zu operationalisieren, um die Antworten generalisierbar und vergleichbar zu machen.[41]

Das „Gebot 10" nach Porst beschreibt, dass keine unklaren Begriffe definiert werden sollen. Die befragte Person muss die Fragen verstehen können.

Folgend werden zwei Regeln mit Beispielfragen und -antworten genauer beschrieben.

**Schlechte Beispielfrage:** Nach welchem Führungsstil führt Ihr Vorgesetzter Sie und Ihre Kolleg: innen?

☐ autoritär

☐ patriarchalisch

☐ informierend

☐ beratend

☐ kooperativ

☐ delegativ

☐ teilautonom

---

[40] Vgl. *Porst* (2014), S. 99-100.
[41] Vgl. *Schlütz/Möhring* (2019), S. 72.

**Gute Beispielfrage:** In der Theorie nach Tannenbaum und Schmidt, wird in sieben Führungsstile unterschieden. Zur Unterstützung und Beantwortung dieser Frage werden die sieben Führungsstile nachfolgend in einer Grafik beschrieben. Welchen Führungsstil würden Sie, Ihrer Führungskraft nach der Erläuterung zuordnen?

| Willensbildung beim Vorgesetzten | | | | Willensbildung beim Mitarbeiter | | |
|---|---|---|---|---|---|---|
| 1 | 2 | 3 | 4 | 5 | 6 | 7 |
| Vorgesetzter entscheidet ohne Konsultation der Mitarbeiter | Vorgesetzter entscheidet, versucht aber die Mitarbeiter zu überzeugen, bevor er die Weisung erteilt | Vorgesetzter entscheidet, fördert jedoch Fragen zu seinen Entscheidungen, um Akzeptanz zu erreichen | Vorgesetzter informiert Mitarbeiter über beabsichtigte Entscheidung, Mitarbeiter können sich vor der endgültigen Entscheidung äußern | Mitarbeiter/ Gruppe entwickelt Vorschläge, Vorgesetzter entscheidet sich für die von ihm favorisierte Alternative | Mitarbeiter/ Gruppe entscheidet, nachdem der Vorgesetzte Ziele und Probleme aufgezeigt und Spielraum festgelegt hat | Mitarbeiter/ Gruppe entscheidet, Vorgesetzter fungiert als Koordinator nach innen und nach außen |
| autoritär | patriarcha-lisch | informierend | beratend | kooperativ | delegativ | teilautonom |

Abbildung 6: Führungsstile je nach Grad der Partizipation nach Tannenbaum und Schmidt

(Quelle: Franken (2019), S. 315)

Mit dem Beispiel sollte aufgezeigt werden, dass nicht alle Mitarbeiter: innen die jeweiligen Führungsstile kennt. Durch die Erläuterung der sieben Führungsstile, fällt es den Befragten Personen leichter, die Frage zu beantworten, ohne das Missverständnisse auftreten. Nicht immer ist es möglich die Gebote nach Porst zu berücksichtigen. Das Gebot 1 beschreibt die Vereinfachung von Fragen, jedoch ist dies in manchen Fällen, wie das obenstehende Beispiel zeigt, nicht möglich.[42]

Das zweite Beispiel bezieht sich auf das Gebot 5: „Du sollst Unterstellungen und suggestive Fragen vermeiden."[43]

**Schlechte Beispielfrage:** Hat das dominante Führungsverhalten Ihrer Führungskraft negative Auswirkungen auf Ihre Arbeitsleistung?

---

[42] Vgl. *Porst* (2014), S. 116.
[43] Vgl. *Porst* (2014), S. 107.

Aufgrund der Formulierung wird davon ausgegangen, dass die Führungskraft ein nicht wertschätzendes Führungsverhalten an den Tag legt und eine Angstkultur vorlebt.

**Gute Beispielfrage:** Wirkt sich das Führungsverhalten Ihrer Führungskraft auf Ihre Arbeitsleistung aus?

## 2.3 Skaleneffekte

Bei der Konstruktion eines Fragebogens muss im Vorfeld festgelegt werden, welche Fragen gestellt und ausformuliert sein sollen. Des Weiteren spielt auch die Gestaltung der Antwortkategorie eine wesentliche Rolle, die auch bereits im Vorfeld überlegt sein sollte. Dabei wird in der Literatur empfohlen, in der genannten Reihenfolge vorzugehen und sich vorab mit den Inhalten und Formulierungen auseinanderzusetzen. Anschließend kann die Antwortskala konstruiert werden. Nach Häder ist davon auszugehen, dass verschiedene Einflüsse bei der Beantwortung einer Frage eine wesentliche Rolle spielen, wie bspw. Effekte der sozialen Erwünschtheit.[44] Nachfolgend wird ein Beispiel zum Thema Fernsehgewohnheiten, das in zwei unterschiedliche Skalen aufgeteilt ist, vorgestellt:

| Frage: | | | | | | |
| --- | --- | --- | --- | --- | --- | --- |
| Fernsehgewohnheiten – „Wie viele Stunden sehen Sie an einem normalen Werktag fern" | | | | | | |
| Skala A | Bis 0,5 h | 0,5 bis 1 h | 1 bis 1,5 h | 1,5 bis 2 h | 2 bis 2,5 h | Mehr als 2,5 h |
| Skala B | Bis 2,5 h | 2,5 bis 3 h | 3 bis 3,5 h | 3,5 bis 4 h | 4 bis 4.5 h | Mehr als 4,5 h |

Tabelle 2: Skaleneffekte Fernsehgewohnheiten

(Quelle: Eigene Darstellung in Anlehnung nach Schwarz/Hippler/Deutsch/Strack (1985), S. 388 – 395)

Bei der Auswertung der Befragung ergaben sich starke Differenzierungen. Die Befragten, welche die Antwortskala A beantworteten, gaben zu 16,2% an, mehr als 2,5 Stunden täglich fernzusehen. Die Befragte, welche die Antwortskala B beantworteten, gaben auf einmal 37,5% der Befragten an, mehr als 2,5 Stunden täglich fernzusehen. Das Ergebnis ist so zu erklären, dass sich die Befragten bei einer starken Differenzierung im unteren Bereich (Skala A) einstufen. Die Befragten stufen sich dort ein, wo sie annehmen, dass

---

[44] Vgl. *Häder* (2009), S. 198.

der Rest der Gesellschaft dies auch tut. Bei der zweiten Skala (Skala B) ist der gleiche Effekt, wie in Skala A zu sehen, mit dem Unterschied, dass sich die Befragten mit einem Volk von Vielsehern vergleichen. Hier kann ebenfalls davon ausgegangen werden, dass sich die Befragten auch dort einstufen, wo auch eine Vielzahl anderer Personen sich einstufen würde.[45]

Beispielhaft kann zur Dimension Arbeitsbedingungen eine Frage zum Thema Work-Life-Balance formuliert werden. Ein negatives Beispiel wäre wie folgt formuliert:

Ihre wöchentliche Arbeitszeit beträgt derzeit 39,5 Stunden pro Woche. Würden Sie Ihre Arbeitszeit gerne erhöhen?

☐ 1 h

☐ 2 h

☐ 3 h

☐ 4 h

☐ 5 h

Bei der Frage ist ausschließlich von einer Erhöhung der Arbeitszeit die Rede, jedoch nicht von einer Reduktion der Arbeitszeit. Dadurch wird dem Beantwortenden eine thematisch einseitige Auswahlmöglichkeit gegeben. Außerdem ist eine Vorgabe von 1 bis 5 Stunden vordefiniert. Wäre die Skala von 5 bis 10 gewählt, hätten die Befragten vermutlich häufiger die 5 gewählt, da diese Zahl die kleinste Auswahlmöglichkeit darstellt. Außerdem fehlt bei der Fragestellung, die Auswahlmöglichkeit 0, ggfs. ist die befragte Person zufrieden mit ihrer Arbeitszeit.

Die neue Formulierung der Frage lautet wie folgt:

Ihre wöchentliche Arbeitszeit beträgt derzeit 39,5 Stunden pro Woche. Wie würden Sie Ihre Arbeitszeit verändern wollen?

☐ mehr Arbeitszeit > 5

☐ gleichbleibend

☐ weniger Arbeitszeit < 5

---

[45] Vgl. *Schwarz/Hippler/Deutsch/Strack* (1985), S. 388-395.

Bei weniger Arbeitszeit:

Wie viel Zeit würden Sie für Ihre Familie/Freizeit investieren?

☐ mehr Zeit für Familie/Freizeit < 5

☐ gleichbleibend

☐ mehr Zeit für Familie/Freizeit > 5

Anders als bei der ersten Frageformulierung wird der befragten Person die Auswahlmöglichkeit zur Erhöhung oder Reduktion der Arbeitszeit angeboten. Außerdem wurde auf das Wort „Verringerung" verzichtet und eine positive Formulierung mehr Zeit für Familie/Freizeit ausgewählt. Zusätzlich wurde bei der Antwortskala, die Antwort „gleichbleibend" platziert, damit die Befragte Person grundsätzlich mit ihrer Arbeitszeit zufrieden ist und nichts verändern möchte. Auch wurde die Stundenangabe auf kleiner 5 und größer als 5 Stunden eingegrenzt.

# 3 C3 Chi²-Test

## 3.1 Einsatzgebiete Chi²-Test

In Bezug auf Fragestellungen, welche sich auf nominalskaliertem Variablen beziehen, kommen chi²-Tests zum Einsatz. In diesem Zusammenhang wird überprüft, ob die Häufigkeiten sich in den jeweiligen Merkmalskategorien bzw. in der Kombination von Merkmalskategorien voneinander unterscheiden. Dabei muss beachtet werden, dass die Stichproben (N) mindestens so groß sein müssen, dass die zu erwarteten Häufigkeiten >5, welche die Basisvoraussetzung abbildet, sein können. Aufgrund dessen werden mindestens fünf Personen pro Kategorie benötigt.[46] Im Mittelpunkt des chi²-Tests steht die Frage, ob sich eine empirische Verteilung signifikant von einer theoretischen unterscheidet.[47]

Folgende Voraussetzungen müssen zur Durchführung eines chi²-Tests gegeben sein:

1. Es sollte Unabhängigkeit in der Beobachtung gegeben sein
2. Alle „erwarteten Werte" der Kreuztabelle sollten eine Anzahl von mindestens fünf haben[48]

Darüber hinaus dienen die konditionalen Verteilungen als Indiz, dass Beziehungen der zu untersuchenden Variablen bestehen könnten. Bei annähernder Gleichheit der konditionalen Verteilungen, ist eine Beziehung ausgeschlossen. Bei abweichender Verteilung wird von einem Zusammenhang ausgegangen. Im Grunde ist der Zusammenhang umso größer, je weniger zufällig die Verteilung der zu untersuchenden Variablen sind.[49] Bei der Vorgabe der Spalten und Zeilen für den chi²-Test erforderlichen Tabelle sind keine technischen Grenzen vorausgesetzt. Die Übersichtlichkeit sollte jedoch gewährleistet sein. Eine Tabelle mit mehr als 10 Spalten und 10 Zeilen wird üblicherweise nicht empfohlen, allerdings gibt es Ausnahmen, wie die Darstellung von 27 EU-Staaten nebeneinander. Die Tabelle sollte nach Kuckartz auf eine DIN-A4 Seite passen, dadurch ist eine vollständige Präsentation in einer schriftlichen Publikation gewährleistet.[50]

Beispielfragen für einen chi²-Test könnten wie folgt lauten, „Gibt es einen signifikanten Unterschied in der Präferenz für verschiedene Musikgenres zwischen Männern und

---

[46] Vgl. *Kuhlmei* (2018), S. 94.
[47] Vgl. *Hellbrück* (2010), S. 97.
[48] Vgl. *Rudel* (2021), S. 67.
[49] Vgl. *Vigerske* (2017), S. 201.
[50] Vgl. *Kuckartz* (2013), S. 137

Frauen? „Besteht ein Zusammenhang zwischen dem Bildungsniveau und der politischen Parteizugehörigkeit"?

## 3.2 Beispiel

In der Literatur nach Rasch, Friese, Hofmann und Naumann sind zur Durchführung des $chi^2$-Tests 8 Richtlinien formuliert, die als Anhaltspunkt dienen. Die 8 Richtlinien werden nachfolgend im Rahmen eines Beispiels ausführlich erklärt.

1. Beim ersten Schritt findet die Festlegung der Variablen und deren Stufen statt. Im nachfolgenden Beispiel soll ausgewertet werden, ob ein signifikanter Zusammenhang zwischen Rauchern und ihrer Gesundheit besteht. Im Beispiel werden folgende Variablen betrachtet, Raucher (ja/nein) und Gesundheit (schlecht, weniger gut, zufriedenstellend, gut, sehr gut).

2. Die zweite Richtlinie gibt vor, dass eine Null- und Alternativhypothese aufgestellt werden soll.[51] Bevor eine Hypothesenprüfung erfolgt, muss ein statistisches Hypothesenpaar, dass aus H0 und H besteht, formuliert werden. Dabei beschreibt die Nullhypothese H0, dass kein Zusammenhang zwischen zwei Gruppen oder Variablen herrscht. Im Gegenzug zur Nullhypothese beschreibt die Alternativhypothese H1 die Zusammenhänge, weshalb sie auch als Forschungshypothese bezeichnet wird. Durch das komplementäre Verhältnis zwischen H0 und H1 wird sichergestellt, dass bei einer Retour der H0 automatisch auf die Gültigkeit der H1 geschlossen werden kann, da es eine andere Möglichkeit nicht gibt.[52] In unserem Beispiel werden die Hypothesen wie folgt aufgestellt:

H1: Es besteht **ein Zusammenhang** zwischen Zigarettenkonsum und der Gesundheit.

H2: Es besteht **kein Zusammenhang** zwischen Zigarettenkonsum und der Gesundheit.

3. Die dritte Richtlinie besagt, dass das Signifikanzniveau $\alpha$ (Alpha) festgelegt werden muss.[53] Durch die Festlegung des Signifikanzniveaus wird sichergestellt,

---

[51] Vgl. *Rasch et al.* (2021), S. 144.
[52] Vgl. *Bortz/Döring* (2013), S. 24.
[53] Vgl. *Rasch et al.* (2021), S. 144.

dass die Nullhypothese nicht abgelehnt wird, obwohl eine Gültigkeit besteht. In der empirischen Forschung wird von einem Fehler erster Art oder auch α-Fehler gesprochen. Darüber hinaus wird die Wahrscheinlichkeit für den Fehler erster Art als p-Wert bezeichnet.[54] Das P steht für die Wahrscheinlichkeit, dass aus dem lateinischen Wort „probabilitas" abgeleitet wird. Das Signifikanzniveau hängt von der Stichprobengröße ab, wenn die Stichprobe größer als 1.000 ist, sollte das Niveau auf 1 % festgelegt werden. Eine weitere Abhängigkeit ergibt sich aus den Folgen von Fehlern. In der empirischen Forschung wird traditionell ein Signifikanzniveau von 5 % verwendet. Liegt der Wert unter 5 %, ist der Zusammenhang signifikant. Wahrscheinlichkeiten von unter 1% werden auch als hochsignifikantes Ergebnis bezeichnet.[55] In dem gewählten Beispiel wurde ein Signifikanzniveau von 5 % verwendet.

4. Die vierte Richtlinie im Zuge der Durchführung eines chi²-Tests gibt vor, dass ein Stichprobenumfang N bestimmt werden muss.[56] Diese Stichprobengröße beträgt im Beispiel 367.

5. Die fünfte Richtlinie besagt, dass die beobachtete Häufigkeit pro Zelle bestimmt werden muss.[57] Die Basis für den chi²-Test stellt eine Kreuztabelle dar, die im ersten Schritt prüft, ob ein Zusammenhang zwischen zwei Variablen im Rahmen der Stichprobe besteht.[58] Die Angaben in der Kreuztabelle können als absolute und auch als relative Häufigkeiten prozentual angegeben werden.[59]

| | | Raucher | | |
| | | Ja | Nein | Total |
|---|---|---|---|---|
| | Schlecht | 4 | 11 | 15 |
| | weniger gut | 5 | 28 | 33 |
| Gesundheit | zufriedenstellend | 30 | 64 | 94 |
| | gut | 42 | 119 | 161 |
| | sehr gut | 20 | 44 | 64 |
| | Total | 101 | 266 | 367 |

Tabelle 3: Kreuztabelle Raucher – Gesundheit

(Quelle: Eigene Darstellung in Anlehnung an Eichhorn et al. (2009), S. 128)

---

[54] Vgl. *Rasch et al.* (2021), S. 46.
[55] Vgl. *Kuckartz* (2013), S. 149.
[56] Vgl. *Rasch et al.* (2021), S. 144.
[57] Vgl. *Rasch et al.* (2021), S. 144.
[58] Vgl. *Eichhorn et al.* (2009), S. 128.
[59] Vgl. *Kuckartz* (2013), S. 89.

Die Daten stammen aus dem ALLBUS, die im Rahmen der online Veranstaltung „Einführung R" bereitgestellt wurden.[60] Die Abkürzung ALLBUS steht für „Allgemeine Bevölkerungsumfrage der Sozialwissenschaften". Hierbei handelt es sich um eine kontinuierlich durchgeführte Bevölkerungsumfrage in Deutschland.[61]

In der Kreuztabelle ist die Angabe „Total", rechts unten, beschrieben, die den Stichprobenumfang „N" abbildet.

6. Bei der sechsten Richtlinie zur Durchführung des chi²-Tests wird der chi²-Wert anhand einer Formel bestimmt. Dabei werden vorab die zu erwartenden Häufigkeiten jeder Zelle der Kreuztabelle berechnet. Die Formel sieht wie folgt aus:

$$fe = \frac{\text{Zeilensumme} * \text{Spaltensumme}}{\text{Stichprobengröße}} \quad 59$$

$fe$ =erwartete Häufigkeit

Im Zuge des Beispiels, kann folgende Berechnung aufgestellt werden:

$$fe = \frac{15 * 101}{367}$$

$$fe = 4,12$$

Der Tabelle 4 sind die vollständigen Ergebnisse aus der Berechnung zu entnehmen:

| Häufigkeit | | Raucher | | | | |
|---|---|---|---|---|---|---|
| | | Ja | | Nein | | Total |
| | | beobachtet | erwartet | beobachtet | erwartet | |
| Gesundheit | Schlecht | 4 | 4,1 | 11 | 10,9 | 15 |
| | weniger gut | 5 | 9,1 | 28 | 23,9 | 33 |
| | zufriedenstellend | 30 | 25,9 | 64 | 68,1 | 94 |
| | gut | 42 | 44,3 | 119 | 116,7 | 161 |
| | sehr gut | 20 | 17,6 | 44 | 46,4 | 64 |
| | Total | 101 | | 266 | | 367 |

Tabelle 4: Kreuztabelle Raucher – Gesundheit inkl. erwarteter Häufigkeiten

(Quelle: Eigene Darstellung)

---

[60] Kluge (2022).
[61] Vgl. *GESIS Leibniz-Institut für Sozialwissenschaften* (2023).

Mit dem sogenannten Chi-Quadrat-Wert wird die Differenz jeder Zelle der Tabelle zwischen beobachteter und erwarteter Häufigkeit berechnet und im Anschluss quadriert. Daraus resultiert folgende Berechnung:

$$x^2 = \frac{(\text{beobachtete Häufigkeit} - \text{erwartete Häufigkeit})^2}{\text{erwartete Häufigkeit}}$$

$x^2$ = Chi-Quadrat Wert

Aus der o. g. Formel wird folgende Berechnung abgeleitet:

$$x^2 = \frac{(4 - 4{,}1)^2}{4{,}1}$$

$$x^2 = 0{,}002$$

Nachfolgend finden sich alle weiteren Ergebnisse in Tabelle 5 wieder. Zur vollständigen Berechnung des chi² werden die Summen aller Einzelwerte berechnet. Die jeweiligen Werte spielen bei der Interpretation des Ergebnisses eine Rolle und geben schnell einen Überblick darüber, welche Zelle besonders viel zum Gesamt chi² beiträgt.[62]

| Häufigkeit | | Raucher | | | | | | To |
| | | Ja beobachtet | erwartet | x² | Nein beobachtet | erwartet | x² | |
|---|---|---|---|---|---|---|---|---|
| | Schlecht | 4 | 4,1 | 0,002 | 11 | 10,9 | 9,1 | 15 |
| | weniger gut | 5 | 9,1 | 1,8 | 28 | 23,9 | 0,7 | 33 |
| Gesundheit | zufriedenstellend | 30 | 25,9 | 0,6 | 64 | 68,1 | 0,4 | 94 |
| | gut | 42 | 44,3 | 0,1 | 119 | 116,7 | 0,045 | 16 |
| | sehr gut | 20 | 17,6 | 0,3 | 44 | 46,4 | 0,086 | 64 |
| | Total | 101 | | | 266 | | | 36 |

Tabelle 5: Kreuztabelle Raucher - Gesundheit

(Quelle: Eigene Darstellung)

$$x^2 = \sum \frac{(\text{beobachtete Häufigkeit} - \text{erwartete Häufigkeit})^2}{\text{erwartete Häufigkeit}}$$

$$x^2 = 0{,}002 + 1{,}8 + 0{,}6 + 0{,}1 + 0{,}3 + 9{,}1 + 0{,}7 + 0{,}4 + 0{,}045 + 0{,}086$$

$$x^2 = 13{,}1$$

---

[62] Vgl. *Kuckartz* (2013), S. 96.

7. Der siebten Richtlinie zufolge muss der kritische chi²-Wert aus der Tabelle abgelesen werden.[63] Zum Ablesen der Tabelle wird neben dem chi²-Wert auch noch das Signifikanzniveau und der Freiheitsgrad aus der Kreuztabelle benötigt. Der Freiheitsgrad kann wie folgt berechnet werden:

$$Freiheitsgrad\ Kreuztabelle = (Anzahl\ der\ Zeilen - 1) * (Anzahl\ der\ Spalten - 1)$$

$$df = (5-1) * (2-1)$$

$$df = 4$$

*df = Freiheitsgrad Kreuztabelle*

Nach Maniak kann der kritische chi²-Wert aus einer Verteilungsstelle abgelesen werden. Die Fläche resultiert aus dem Abzug es festgelegten Signifikanzniveaus von 100%. Im Beispiel beträgt das Signifikanzniveau 5 %, daraus ergibt sich eine Fläche von 95% oder in einer Dezimalzahl ausgedrückt 0,95.[64]

| F | $\alpha =$ 0,01 | 0,05 | 0,1 | 0,5 | 0,75 | 0,9 | 0,95 | 0,975 | 0,99 |
|---|---|---|---|---|---|---|---|---|---|
| 1 | 0,00 | 0,00 | 0,02 | 0,45 | 1,32 | 2,71 | 3,84 | 5,02 | 6,63 |
| 2 | 0,02 | 0,10 | 0,21 | 1,39 | 2,77 | 4,61 | 5,99 | 7,38 | 9,21 |
| 3 | 0,11 | 0,35 | 0,58 | 2,37 | 4,11 | 6,25 | 7,81 | 9,35 | 11,34 |
| 4 | 0,30 | 0,71 | 1,06 | 3,36 | 5,39 | 7,78 | 9,49 | 11,14 | 13,28 |
| 5 | 0,55 | 1,15 | 1,61 | 4,35 | 6,63 | 9,24 | 11,07 | 12,83 | 15,09 |
| 6 | 0,87 | 1,64 | 2,20 | 5,35 | 7,84 | 10,64 | 12,59 | 14,45 | 16,81 |
| 7 | 1,24 | 2,17 | 2,83 | 6,35 | 9,04 | 12,02 | 14,07 | 16,01 | 18,48 |
| 8 | 1,65 | 2,73 | 3,49 | 7,34 | 10,22 | 13,36 | 15,51 | 17,53 | 20,09 |
| 9 | 2,09 | 3,33 | 4,17 | 8,34 | 11,39 | 14,68 | 16,92 | 19,02 | 21,67 |
| 10 | 2,56 | 3,94 | 4,87 | 9,34 | 12,55 | 15,99 | 18,31 | 20,48 | 23,21 |
| 11 | 3,05 | 4,57 | 5,58 | 10,34 | 13,70 | 17,28 | 19,68 | 21,92 | 24,73 |
| 12 | 3,57 | 5,23 | 6,30 | 11,34 | 14,85 | 18,55 | 21,03 | 23,34 | 26,22 |
| 13 | 4,11 | 5,89 | 7,04 | 12,34 | 15,98 | 19,81 | 22,36 | 24,74 | 27,69 |
| 14 | 4,66 | 6,57 | 7,79 | 13,34 | 17,12 | 21,06 | 23,68 | 26,12 | 29,14 |
| 15 | 5,23 | 7,26 | 8,55 | 14,34 | 18,25 | 22,31 | 25,00 | 27,49 | 30,58 |
| 16 | 5,81 | 7,96 | 9,31 | 15,34 | 19,37 | 23,54 | 26,30 | 28,85 | 32,00 |
| 17 | 6,41 | 8,67 | 10,09 | 16,34 | 20,49 | 24,77 | 27,59 | 30,19 | 33,41 |
| 18 | 7,01 | 9,39 | 10,86 | 17,34 | 21,60 | 25,99 | 28,87 | 31,53 | 34,81 |
| 19 | 7,63 | 10,12 | 11,65 | 18,34 | 22,72 | 27,20 | 30,14 | 32,85 | 36,19 |
| 20* | 8,26 | 10,85 | 12,44 | 19,34 | 23,83 | 28,41 | 31,41 | 34,17 | 37,57 |

Tabelle 6: Verteilungsfunktion der Chi-Quadrat-Verteilung

(Quelle: Vgl. Maniak (2013), S. 151)

Laut der Tabelle liegt der chi²-Wert bei 9,49.

---

[63] Vgl. *Rasch et al.* (2021), S. 145.
[64] Vgl. *Maniak* (2013), S. 151.

8. Im letzten Schritt wird das Ergebnis interpretiert. Liegt der beobachtete chi²-Wert über dem kritischen chi²-Wert ist der Unterschied signifikant und die Nullhypothese muss verworfen werden.

Chi² beobachtet > chi² kritisch = Unterschied ist signifikant

13.1 > 9,49

Das Ergebnis zeigt, dass die Hypothese H1 „Es besteht **ein Zusammenhang** zwischen Zigarettenkonsum und der Gesundheit" Gültigkeit erfahren hat.

Nachfolgend werden die Häufigkeiten zur Interpretation des Ergebnisses, als prozentualer Wert ausgewiesen:

| Häufigkeit | | Ja beobachtet | | Nein beobachtet | |
|---|---|---|---|---|---|
| | Schlecht | 4 | 3,9% | 11 | 4,1% |
| | weniger gut | 5 | 5,0% | 28 | 11% |
| Gesundheit | zufriedenstellend | 30 | 29,7% | 64 | 24,1% |
| | gut | 42 | 41,6% | 119 | 44,7% |
| | sehr gut | 20 | 19,8% | 44 | 16,5% |
| | Total | 101 | 100% | 266 | 100% |

Tabelle 7: Kreuztabelle Raucher - Gesundheit inkl. prozentualer Häufigkeit

(Quelle: Eigene Darstellung)

Dem Beispiel kann entnommen werden, dass 44,7% der Nichtraucher ihren gesundheitlichen Zustand „gut" einschätzen, während der prozentuale Anteil bei Rauchern bei 41,6% liegt. Der chi²-Test hat ergeben, dass insofern ein Zusammenhang vorliegt, dass Nichtraucher ihren Gesundheitszustand besser einschätzen als Raucher. Diese Interpretation bestätigt die H1 Hypothese.

Der chi²-Test kann auch in einer Statistik Software „R" durchgeführt werden. Dadurch ist die Ermittlung des p-Werts möglich. Im Rahmen des Beispiels liegt der p-Wert bei 0,3981, also oberhalb des Signifikanzniveaus von 0,05. Das der p-Wert größer ist als das Signifikanzniveau von 0,05 lässt nicht gleich darauf schließen, dass die Nullhypothese H0 richtig ist, also das kein Zusammenhang zwischen Zigarettenkonsum und der Gesundheit vorliegt. Eine Annahme wäre, dass nicht genügend Informationen vorliegen um über die Hypothese zu bestimmen. Gegebenenfalls ist die Stichprobe zu klein.

```
Pearson's Chi-squared test

data:   .Table
X-squared = 4.0588, df = 4, p-value = 0.3981
```

Abbildung 7:Auswertung mit R chi² Raucher – Gesundheit

(Quelle: Eigene Darstellung)

## 3.3 Fazit

a) Ergebnis des chi²-Tests „Zusammenhang Zigarettenkonsum und Gesundheit"

Das Ergebnis scheint nachvollziehbar, da die Nichtraucher ihren Gesundheitszustand besser einschätzen als die Raucher. Jedoch liegt der p-Wert in diesem Zusammenhang über dem Signifikanzniveau von 0,05. In diesem Zusammenhang müsste ggfs. nach weiteren Abhängigkeiten gesucht werden, um das Ergebnis zu beeinflussen. Das Ergebnis lässt sich somit nicht automatisch auf die Gesamtbevölkerung übertragen.

b) Einsatz von chi²-Tests allgemein:

Dem Beispiel nach und auf Grundlage der Ergebnisse aus dem chi²-Test ist davon auszugehen, dass ein signifikanter Zusammenhang zwischen den beiden Variablen Rauchen und Gesundheit vorliegt. Dieses Ergebnis liefert allerdings noch keine aussagekräftige Antwort. Wie bei anderen Korrelationskoeffizienten gibt auch der Chi-Quadrat-Test keine Auskunft darüber, welche Interpretation richtig ist. Damit eine aussagekräftige Aussage erzeugt werden kann, müssten kontrollierte Experimente durchgeführt werden, um eine kausale Beziehung festzustellen.[65]

Ein Nachteil von chi²-Test liegt in der Abhängigkeit von der Stichprobengröße. Dadurch können bei größeren Stichproben auch eine zufällige Differenz Signifikanz entstehen, die dazu führen, dass das Modell abgelehnt wird, obwohl die Abweichung zwischen der

---

[65] Vgl. *Bortz/Schuster* (2010), S. 159-160

Modell- und der Stichprobenkovarianzmatrix minimal ist. Im Gegenteil besteht bei kleinen Stichproben die Gefahr, dass Modelle trotz fälschlicher Passung auf die Daten angenommen werden.[66]

---

[66] Vgl. *Stancel-Piatak* (2016), S. 154.

## Literaturverzeichnis

*Achouri, C.* (2021), Human Resources: Lehrbuch. Deutschland, Kohlhammer Verlag.

*Becker, F.* (2019), Mitarbeiter wirksam motivieren. Mitarbeitermotivation mit der Macht der Psychologie, Berlin.

*Bortz, J., Döring, N.* (2013). Forschungsmethoden und Evaluation. Deutschland: Springer Berlin Heidelberg.

*Döring, N., Bortz, J.* (2016), Forschungsmethoden und Evaluation in den Sozial- und Humanwissenschaften. Springer Berlin, Heidelberg.

*Döring, U./Führich, E./Klunzinger, E./Oehlrich, M./Richter, T. S.* (2021), Aktuelle Wirtschaftsgesetze 2021. Die wichtigsten Wirtschaftsgesetze für Studierende, 13. Aufl., München.

*Eichhorn, S., Raab, A. E., Poost, A.* (2009). Marketingforschung: ein praxisorientierter Leitfaden. Deutschland: Kohlhammer.

*Franken, S.* (2019), Verhaltensorientierte Führung. Handeln, Lernen und Diversity in Unternehmen. Springer Gabler Wiesbaden.

*Franzen, A.* (2019), Antwortskalen in standardisierten Befragungen. In: Handbuch Methoden der empirischen Sozialforschung; Band 2, Wiesbaden, Germany.

*GESIS Leibniz-Institut für Sozialwissenschaften* (2023), ALLBUS, in: GESIS - Leibniz-Institut für Sozialwissenschaften – GESIS, abgerufen am 29.05.2023.

*Grunwald, G., Hempelmann, B.* (2012), Angewandte Marktforschung: Eine praxisorientierte Einführung. Deutschland, De Gruyter.

*Häder, M.* (2019), Empirische Sozialforschung. Eine Einführung, 4. Aufl., Wiesbaden.

*Häder, M.* (2009), Empirische Sozialforschung: Eine Einführung. Deutschland: VS Verlag für Sozialwissenschaften.

*Hellbrück, R.* (2010). Angewandte Statistik mit R: Eine Einführung für Ökonomen und Sozialwissenschaftler. Deutschland: Gabler Verlag.

*Hollenberg, S.* (2016), Fragebögen: Fundierte Konstruktion, sachgerechte Anwendung und aussagekräftige Auswertung. Deutschland, Springer Fachmedien Wiesbaden.

*Kluge, R.* (2022), Unterlagen zur Einführung in R. ALLBUS, in: https://mu-campus.de/mod/folder/view.php?id=97435, abgerufen am 29.05.2023.

*Konrad, K.* (2015), Mündliche und schriftliche Befragung. Ein Lehrbuch, 8. Aufl., Landau.

*Kuckartz, U.* (2013), Statistik. Eine verständliche Einführung, 2. Aufl., Wiesbaden.

*Kuhlmei, E.* (2018). chi²-Tests. In: Lerne mit uns Statistik!. Springer-Lehrbuch. Springer, Berlin, Heidelberg.

*Maier, Ina.* (2015), Führungskompetenzen: Inwieweit sind diese in Führungstheorien und Führungsstilen enthalten? Deutschland, Diplomica Verlag.

*Maniak, U.* (2013). Hydrologie und Wasserwirtschaft: Eine Einführung für Ingenieure. Deutschland: Springer Berlin Heidelberg.

*Niggemeier, A.* (2020), Die Führung von morgen. Eine Analyse der akademischen Ausbildung von Führungskräften.

*Patrzek, A.* (2021), Systemisches Fragen. Professionelle Fragekompetenz für Führungskräfte Berater und Coaches, 3. Aufl., Wiesbaden.

*Porst, R.* (2014), Fragebogen. Ein Arbeitsbuch, 4. Aufl., Wiesbaden.

*Rasch, B./Friese, M./Hofmann, W./Naumann, E.* (2021), Quantitative Methoden 2. Einführung in die Statistik für Psychologie Sozial- & Erziehungswissenschaften, 5. Aufl., Berlin, Heidelberg.

*Rudel, S.* (2021). People Analytics: Methoden und Werkzeuge zur Arbeit mit Daten im Human Resource Management. Deutschland: Vahlen.

*Schirmer, W., Woydt, S.* (2016), Mitarbeiterführung. Wiesbaden: Springer.

*Schlütz, D., Möhring, W.* (2019), Die Befragung in der Medien- und Kommunikationswissenschaft: Eine praxisorientierte Einführung. Deutschland, Springer Fachmedien Wiesbaden.

*Schwarz, B./Hippler, H.-J/Deutsch, B./Strack, F. (1985),* Response Scales: Effects of Category Range on Reported Behavior and Comparative Judgments, Public Opinion Quarerly, 49. Jg., Nr. 3, S. 388.

*Staehle, W.* (1999). Management. München: o. V.

*Stancel-Piatak, A. S.* (2016). Effektivität des Schulsystems beim Abbau sozialer Ungleichheit: Latentes Mehrebenenmodell individueller und institutioneller Faktoren der sozialen Reproduktion (PIRLS). Deutschland: Waxmann Verlag GmbH.

*Stock-Homburg, R., Groß, M.,* (2019), Personalmanagement. Theorie – Konzepte - Instrumente. 4. Aufl., Springer Gabler Wiesbaden.

*Theobald, A.* (2017), Praxis Online-Marktforschung. Grundlagen – Anwendungsbereiche – Durchführung. Springer Gabler Wiesbaden.

*Unger, F., Sann, U., Martin, C.* (2022), Arbeitszufriedenheit und Arbeitsmotivation in der Führung. In: Personalführung in Organisationen der Sozialwirtschaft. Basiswissen Sozialwirtschaft und Sozialmanagement. Springer VS, Wiesbaden.

*Vigerske, S.* (2017). Transfer von Lehrerfortbildungsinhalten in die Praxis: Eine empirische Untersuchung zur Transferqualität und zu Einflussfaktoren. Deutschland: Springer Fachmedien Wiesbaden.